Reggie el erizo construye un santuario de seguridad

McKenzie Hensen

traducido por Verónica Davis-Quiroz

ilustrado por Jayden Ellsworth

Published by Orange Hat Publishing 2020
ISBN 978-1-64538-176-1

Copyrighted © 2020 by McKenzie Hensen
All Rights Reserved
Reggie the Hedgehog
Written by McKenzie Hensen
Translated by Verónica Davis-Quiroz
Illustrated by Jayden Ellsworth

For information, please contact:

Orange Hat Publishing
www.orangehatpublishing.com
Waukesha, WI

Este libro está dedicado a niños y niñas en todas partes que han sufrido dificultades. Que exista esperanza, fuerza, y capacidad de recuperación en su futuro.

Reggie es un erizo con un

corazón grande.

A veces, su corazón se siente muy
lleno de emociones.

Cuando va a la escuela, Reggie está lleno de sentimientos contentos. Juega en los columpios, come bocadillos ricos, y aprende cosas nuevas.

Cuando está en casa el fin de semana, Reggie está lleno de sentimientos tranquilos. Lee libros con su mamá, cocina con su papá, y abraza a su hermanita.

Cuando Reggie visita la casa de su abuela, está lleno de sentimientos emocionados. Juega con juegos de mesa, come cosas deliciosas, y puede ver películas antes de irse a la cama.

Pero otras veces, Reggie tiene sentimientos de enojo.
Cuando su amigo le quita un juguete, Reggie se enoja tanto
que levanta todas sus púas y comienza a gritar.

Cuando Reggie intenta dormirse, a veces siente nervios y miedo. Despierta muy agitado después de tener pesadillas y grita pidiendo ayuda a sus papás.

De vez en cuando, Reggie tiene emociones tristes. Cuando sus amigos notan que Reggie se siente así, le preguntan si está bien. Por dentro, Reggie se siente asustado e inseguro. Pero por fuera, demuestra enojo y levanta sus púas. Le grita a sus amigos que se vayan; necesita espacio. Reggie no sabe porqué reacciona así. No lo puede controlar.

Un día, la maestra de Reggie, Señorita Baggins, vió que Reggie apuntó sus púas hacia otro estudiante porque estaba muy enojado. Le preguntó a Reggie si algo había sucedido. Reggie no le pudo explicar lo que había pasado; parecía que se sentía enojado sin ninguna razón.

Pero la verdad era que algo le había ocurrido...hace mucho tiempo. Cuando Reggie era pequeño, algo que le hizo sentir mucho temor le sucedió. Ahora sentía miedo todo el tiempo. Se sentía enojado, preocupado y triste también, pero no entendía porqué. Lo peor era que no podía detenerse de levantar sus púas y reaccionar de esta manera. Se sentía fuera de control.

A los amigos de Reggie no les gustaba jugar con él tanto como lo hacían antes. Y Reggie no sabía cómo dejar de sentir que siempre se tenía que proteger.

Antes de poder contestarle a la Señorita Baggins, Reggie comenzó a llorar. La Señorita Baggins le dijo a Reggie que él era un niño inteligente. Que era especial. Y que podía ayudarse a sentirse más seguro. Le dijo que ella estaba ahí para escucharlo, o tan solo para sentarse con él si no quería hablar.

Entonces la Señorita Baggins le dijo que era normal que los niños se sintieran fuera de control después de que algún evento que les causara temor pasara, como era el recuerdo del miedo que Reggie sintió. Es más, era normal que los adultos también se sintieran fuera de control después de pasar por algunas situaciones que les provocaran temor.

Ella compartió que muchos otros niños también han sufrido
eventos que les han provocado temor. Dijo que era normal
después de haber sentido miedo, sentirse sobresaltado,
nervioso, enojado, asustado, y hasta inseguro.

La Señorita Baggins le dijo a Reggie que a veces los niños o los adultos recuerdan el evento de temor cuando no quieren, y que esto también puede causar emociones incómodas. Le informó que los dolores de estómago, los latidos cardiacos rápidos, y los dolores de cabeza de Reggie pudieran estar pasando por su recuerdo de temor.

21

La Señorita Baggins le dijo a Reggie que podía construir un santuario de seguridad en su propio corazón para usarlo cuando se sintiera asustado, enojado o triste. Le dijo que un santuario de seguridad pudiera ser un lugar calmante para los sentimientos de paz y opciones de cómo cuidarse a sí mismo.

Reggie no estaba listo para hablar sobre su recuerdo del temor ese día, pero sí se sintió un poco mejor. Aún no sabía si confiaba en la Señorita Baggins, pero quizás con más tiempo lo pudiera hacer.

Reggie empezó a escuchar más a sus amigos. Empezó a hablar sobre sus emociones de enojo en lugar de levantar sus púas tan rápido cuando estaba molesto. Empezó a llorar cuando se sentía triste en lugar de guardarse esos sentimientos.

Reggie aprendió que podía cantar una canción alegre cuando el recuerdo del temor apareciera en su mente nuevamente. Cantando se sentía feliz y más seguro. También practicó respirar profundamente para calmar su cuerpo y ayudar a relajarse.

Reggie decidió jugar más con sus amigos porque le ayudaba a sentirse feliz. Decidió colorear más porque eso le ayudaba a sentirse más calmado. Decidió pedir más abrazos y cariño porque eso le ayudaba a sentirse amado.

Reggie se sintió más seguro por sí mismo porque sabía que tenía con quien hablar y en quien confiar. Reggie podía usar cosas a su alrededor para sentirse más tranquilo y fuerte.

SPACE

Reggie construyó un santuario de seguridad en su corazón para almacenar sus sentimientos de paz. Así cuando se sintiera enojado, triste o asustado, podría visitarlo para sentirse más calmado, seguro y tranquilo. Reggie aprendió a relajar su mente y su cuerpo con la ayuda de su santuario de seguridad.

Eventualmente, Reggie decidió que podía confiar en la Señorita Baggins y hablar con ella sobre el recuerdo de su temor. La Señorita Baggins le dijo a Reggie que siempre debía hablar con un adulto de confianza cuando se sintiera con miedo y que ese adulto le pudiera ayudar.

Reggie aprendió que al hablar con alguien y expresar sus emociones le ayudaba a sentirse mejor y a lidiar con sus recuerdos de su temor del pasado. Con el tiempo, Reggie se sintió más seguro y más fuerte en su santuario de seguridad. Y así como Reggie, tú también lo puedes lograr.

Como Crear Tu Propio Santuario de Seguridad:

Tu puedes crear un santuario de seguridad en tu corazón para que visites cuando te sientas triste, alterado, enojado o preocupado. Con la ayuda de un adulto de confianza, intenta practicar los pasos siguientes:

1. *Relájate:* Practica sentirte calmado y tranquilo. Busca un lugar seguro donde puedas calmar tu cuerpo y tu mente con respiraciones profundas, siéntate quieto y presta atención a cómo se siente tu cuerpo. Imagina tu lugar favorito en tu mente y usa tus cinco sentidos para visualizarlo.

2. *Busca maneras de afrontar tus sentimientos que funcionen para ti:* Respira profundamente, canta una canción alegre, dibuja tus sentimientos, piensa en tu lugar favorito, habla sobre tus sentimientos, escucha música, juega al aire libre, practica tu pasatiempo favorito, o practica cualquier otra cosa que te ayude a sentirte mejor.

3. *Habla sobre lo que sientes:* Habla con un adulto de confianza sobre tus sentimientos. A veces demostramos una emoción por fuera pero sentimos otra por dentro. A veces hasta sentimos dos o más emociones a la vez. Practica hablar sobre lo que estás sintiendo con alguien en quien confías. También puedes dibujar estos sentimientos o colorearlos.

www.ingramcontent.com/pod-product-compliance
Lightning Source LLC
Chambersburg PA
CBHW060944100426

42813CB00016B/2857